TATUERAD FJÄRIL

Charlotte Cederblom

ISBN: 978-81-19654-46-8

First Edition: 2024
Rs. 200/-

Cyberwit.net
HIG 45 Kaushambi Kunj, Kalindipuram
Allahabad - 211011 (U.P.) India
http://www.cyberwit.net
Tel: +(91) 9415091004
E-mail: info@cyberwit.net

Printed at Repro India Limited.

BOKENS FRAMSIDA

BOKENS BAKSIDA

BOKENS FRAMSIDA

BOKENS BAKSIDA

På spårvagnshållplatsen satt en tjej med en
fjäril tatuerad på ryggen
Jag frågade henne varför
hon valt just en fjäril
Hon förklarade att den för henne stod för
förvandling, förändring
Tatuerad förändring – uppenbara
paradox

Jag skriver;
Fåglar flyger förbi utanför
mitt fönster

Bön

Befria mig inte
håll mig fången
såsom alltid
alltid alltid
Grip efter mig
skrik mitt namn
skrik mitt namn
sluta aldrig
skrika mitt namn

Eftergift

I mitt högra öra
hänger universum
Jag fick det av en kär vän
Det är tungt men vackert

Jag är lite orolig för att örsnibben ska töjas ut av
dess tyngd för att sedan –
den dag jag tar ur hänget –
snibben ska fladdra fritt
för vinden utan styrsel

Det vore inte estetiskt tilltalande
i mina ögon

Men
än så länge är lockelsen att
låta mig smyckas av kosmos,
med hela den tyngd och
kärlek det innebär
större
än rädslan för framtida konsekvenser.

Tipp tapp

Är trött på denna natt
detta vakna mellanrum
Men se till att snurra fort nu
otympliga jordklot!
Jag längtar efter gryningen,
att allt ska börja på
nytt igen
med en kopp kaffe
urgråtet ansikte
och tillvarons outgrundliga sinne
för humor
försiktigt framtrippande
ur vrårna

Ergo Sum

Jag är en vilde, en fragil ung kvinna
omgiven av engelska rosor
sedesamt drickande en kopp te,
omedveten om min egen
viktorianska olycka
Elden tyglad
Inga lågor rår ännu på denna korsett
Min syster sa: ”Du har skolios. Det hör till
ditt väsen.”
men somliga påstår
att jag drömmer om
Mannen –
Han som skall komma ridande
i full fart, av vild kärlek
enlevera mig
från rosenbersån,
min tämjda inre civilisation,
väcka mig, knäcka mig, penetrera mig,
klyva oskuldens stumma köld,
tvinga fram ett urminnes skrik

Jag är en vilde, en fragil ung kvinna.

Tala ni – ; rosor är så vackra att skåda
i väntan på kysk
bebådelse.

Du gamla du fria

Svea rikes infödingar lider
brist på krokodiler att
jaga med spjut och kajak
på liv och död
och vatten för en dag

Hittills har jag aldrig sett
någon av min flock
dansa fram regnet på en
refug i centrala stan

stå i kö
bankomat
kod + OK
Mp3 –
ladda ner

På apoteket ett välskött akvarium

Nödvändighet

Jag smidde en brynja av brons
Den var fantastiskt vacker
Alla beundrade den

Till slut blev jag tvungen att
ta av brynjan
Utan den såg jag ut som alla andra

en vanlig människa

Ingen beundrar en vanlig människa
men man kan
andas

Vulkanens tal

Tro mig, du Pythagoras, din avkomma och
alla dina nutida bundsförvanter, jag är en
som kan rubba cirklar så att det sjuder och
fräser, spränga lagstadgade gränser utan minsta
tvekan, återföra kosmos till dess ursprungliga
kaotiska svarta hål där ingen jävel kan förutse
vad som komma skall, där varenda sekund
vibrerar av ovisshet och bävan

Tro mig
Jag kan det

Men låt inte mig störa dig
Fortsätt du med din passare
tills du dör av tristess
eller erhåller Nobelpriset
i geometri.

Överlåtelse

Hon söker kontakt med sin dotter
Dikten tolkar hon så;
Man måste söka finna
sin egen ton

I det kalla kriget ber
hon mig hälsa på

Hon ber mig lyssna till sitt
nyinköpta piano

till tonen

Att jag
skulle avgöra
om den
behövde stämmas

Miraculum

Befann mig på Brunnsparken då
Darwins ljus plötsligt upplyste platsen

Folkvimlet, spårvagnarna, Nordstan
Himlen avkänslofierad, öppet
meteorologisk med lätta cumulusmoln
För människan; Att ta sig fram,
att föra sina gener vidare
Djärvt, enkelt, avskalat.

jag kände mina pupiller
dra sig samman
rovdjuret skulle byta spårvagnslinje
med focus
och precision

Oförstörd

Det finns en bok av Kafka
som börjar med att han vaknar
och upptäcker att han är
en skalbagge. Det måste ju vara
fruktansvärt! Vilken mardröm!
Vad skulle man göra – om man nu
överhuvudtaget kom ur chocken?
Hoppas inte det händer mig eller
någon annan
Det hemska är ju också att en
skalbagge inte ens kan slå ett
nummer på telefon för att
ringa ambulansen
De har ju så tunna ben och
inga fingrar

Jag vet inte hur boken
utvecklar sig eller hur
den slutar
Men man får hoppas
att det går bra.

Ord

Små laddade farkoster
olika modeller
olika design

Ibland farkoster
utan passagerare
utan pilot

De far ut ur munnen
in i öronen

Så öppnas luckorna
Ett budskap landstiger
någons hjärna

Ofta uppstår
missförstånd

Bohemens rikedom

Hur skulle jag kunna dammsuga
när mitt golv är bestrött
av stjärnor?

Varför Ajax när det inte ens gör
ont?

Varför diska när fåglar äter ur min hand?

I Faderns, Sonens och den Helige Andens namn
Amen.

Jamen
så här kan du ju inte ha det!

Jo

Tryggare kan ingen vara

Vittne

Hon exploderade till sist en dag
Ingen såg det utom jag
Det gjorde nog inte ont – det var
nog snarare skönt
Ungefär som när trafikljusen växlar
från rött till grönt

Och jag såg en rök ringla mot skyn
i en tunn virvel
sedan en aska falla ned på marken
liknande silver

där låg hon och glimmade
utströdd
nyfödd

En metamorfos, ett fyrverkeri
medan folk
passerade förbi

En förnämlig dikt

Små fadäser inträffar ofta hos vanligt folk,
ynkliga små misstag i vardagen som ger
oanade, om än triviala, konsekvenser
T ex: De spiller mjölk – sedan måste de torka
av bordet ännu en gång
Vanligt folk har svårt att lära sig se sina
liv utifrån ett större perspektiv
De stannar till vid korvkiosken och funderar
länge på huruvida de ska ha rostad lök
på korven
eller inte
Sedan tar det slut – alltså perspektivet.
Korven också för den delen; den äter de
vanligtvis upp strax intill ovannämnda kiosk.
Ja, det är tråkigt att behöva konstatera detta,
men efter ett långt liv vågar jag nog
påstå att vanligt folk
kommer man aldrig ifrån
Man får helt enkelt dras med dem, deras
tillhörande små fadäser och ynkliga
tillkortakommanden.

Att ta till hela arsenalen

”Jag är min egen far
min egen mor
min egen syster
min egen bror
min egen Gud
min egen hinhåle satan djävulen”

Då blev han tyst.

Efteråt har jag tänkt att han
kanske upplevde det
som om jag inte
behövde honom.

Min vän

Hon är stor, stark och vacker
Henne skulle man kunna
tjudra sig vid
följa med på de stora
boulevarderna
de dekadentaste barerna
utan att sälja sin själ
Man skulle kunna samtala
med både tvekan
och emfas
om Gud och Cho-san

Förresten skälver de sistnämnda
av rädsla vid blotta åsynen av denna kvinna
blir förlägna, skamsna över sin
ålagda uppgift

Ja, henne skulle man kunna
tjudra sig vid
Men det är tyvärr omöjligt;
Hon avskyr nämligen en sån enkel
vidhäftning som att gå
arm
i arm.

Vilsegång

Detta har varit
en dag utan
väggar utan
tak

Misslyckad indian.
Med en slö machete har jag
försökt slå mig fram
utan tillstymmelse till
djungel
Korta destinationer
mediokra mål
snabba vattenhål
fågel tvungen att
gå till fots

Vill hem
Vill bara hem
låta natten omsluta mig
skydda mig en stund
från denna
vilsegång

Hägring

Jag längtar efter att åka vagn längs
IKEAS esplanader
Drömma om det perfekta livet där allt
är helt, rent och i räta rader
Där frågan ”att vara eller icke vara” inte ens existerar
Man förlorar sig istället i ett paradis där man endast konsumerar

Ja, jag skulle nästan vilja yrka,
på att denna plats är vår sannaste kyrka
Alla ens behov, via ting, tillgodosedda
”I skolen icke mina barn vara rädda”
Åh, jag längtar till IKEA, där möts vi alla i svensk ekumenik
Där hör jag änglars körer med himmelsk musik
Och efter att endast på min dörr haft
”Nej tack till reklam” har nu även jag lagt till
”men gärna IKEA-katalogen”
inom glas och ram.

Frist

Låt mig va
som jag inte ska
Lämna mig ifred
med stenarna
och skräpet,
dväljas i oförsonlighetens dårskap
låt mig slippa din
perfekta analys,
insikt och mognad

Jag vill bara sitta här
och sura
och ändå
duga

Två orter

Hon hade först varit i Borlänge
sedan på en kort visit i Ödeshög.
Hon berättade det på puben där vi
satt alla tre.

Sedan minns jag inte mycket mer –
inte p.g.a. alkoholen; jag drack endast
en gin o tonic i sakta mak under
samtalets gång.
Nej, det var något annat, det var
de där namnen på dessa två orter
som fick min annars kontinuerliga
sinnenärvaro att avstanna, lämna
både tid och rum.

Borlänge. Ödeshög.

En slags minimalistisk, exakt
sammanfattning av mitt
innerstas tillstånd.
Det man helst inte yppar för någon
av rädsla
att förlora sin umgängeskrets.

Morgon

Det gåtfulla morgonljuset
faller in genom fönstret

Trädens grenar stelnade
mot himlen i tyst väntan

Sakta svingar sig vinden
och grenarna dansar
trött en stund

Återigen stillhet

Högt upp till himlen och
långt ned till
den frusna marken

Det är

Det är
att vägra slås sönder
att vägra ge upp sin vilja
sin motvilja
den egna hårda skulpturen

Det är
att slås till damm
tills ens egen vilja
förmjölats
stenkroppen förströmmats

Det
att till sist få uppleva
den ömhet
som smälter mig varsamt
så att jag
äntligen kan andas,
gråta, älska,

Hu

Erfar hur

jag

transcenderar in

i samhället

Spöken viftar

Blått och Gult

och Ja

Tacksamheten

Att mitt autogiro
fungerar perfekt

hu

hu

Envetenpoeten

Den här dikten är refuserad
Ingen tycker om den
Ingen anser den värd
att läsas

Den här dikten påstås av
litterärt skolade vara
”slöseri med tid för en högst
hypotetisk läsare”

Men jag har inte givit
upp hoppet
Kanske finns det trots allt
någon därute som
tycker om den
Därför klistrar jag upp den
överallt där folk samlas
eller går förbi

Jag ger aldrig upp

Låt dig

Låt dig glömma
låt dig minnas såsom
om du inte finns

Låt dig nå bortom
horisonten och
horisonternas horisonters
horisont

Såsom om jorden var jord
havet hav,
himmelen, himmel
och du vore jag

Låt alla speglar försvinna
såsom om du ändå
fanns kvar

När allt är över

Förbisedda tomtar
stirrar ut på mig
genom Januaris skyltfönster

Vi har överlevt massakern
och granen i rondellen är
avslöjad
Äntligen
tyvärr
till slut

Tiden och verkligheten känns
annorlunda så här i början av ett nytt år
En blandning av lätt förvirring
och den att komma
ut
bakom kulissen

Det avskalade maskineriet
tjejer utan foundation
luften så nyårslätt att andas

Tomtarna

Jag cyklar förbi, låtsas inte se dem
Inom mig en störande mixtur –
ambivalensen mellan skuldkänsla

och mörk triumf
och jag ökar på hastigheten
känner tomtarnas blickar
klänga efter mig

I plötslig desperation
hör jag mig själv ropa:
Väx upp! Lär er att
ta hand om er själva!

Och vem vet?
Kanske sluter de sig samman
på ett lager någonstans
gör kollektivt uppror till nästa år
med plakat där det står

EJ TILL SALU.

Vi

Liksom stjärnors ljus ibland
når våra blickar här på jorden,
trots att själva stjärnan
upphört att existera
för längesen

Så ser jag dig
sådant är vårt möte

; återsken
påminnelse
ursprung
längtan

Så vem av oss är då den
slocknade stjärnan?

Jag vet inte
Det var ju så
längesen

Vittring

Men en aning vilar i mitt rum
och fönstret är ännu inte stängt
Något gör att jag inte känner
mig ensam

Allt ligger stilla
alldeles orörligt

och jag längtar fortfarande

efter mötet
det stora igenkännandet
det ännu inte
fullt uttalade

Längtan

Djupast är inte djupt nog för mig
Ytligast inte ytligt nog för mig
Jag söker ett superlativ som når
ända fram och ända in
Jag vill att du som är större än
allra störst ska bli min.

Åkallan

Du Oförskräckta, underbara
alltigenom levande,
döende återuppstående,
i oändliga improviserande
variationer, lekande
genom eld och vatten,
höjder och dalar

Kom och bjud upp mig
till dans
Här och nu

Jag är beredd
Inte alls rädd

Beslut

Väskorna är packade
lägenheten urstädad
Nycklarna överlämnade
till hyresvärden

Jag reser bort från språket och
tänker aldrig mer
återvända.

Detta oskrivna blad
som ingen någonsin ska få se

Jag hör mitt öra
tystna
sluta sina ögon
för det oerhörda

Du eller det
som var mitt allt
önskar jag icke mer

Endast det osynliga
är nu mitt hav

Denna tid
mellan livmoder
och grav.

På spårvagnshållplatsen sitter en tjej med en
fjäril tatuerad på ryggen
Jag går fram, frågar henne varför
hon valt just en fjäril
Hon förklarar att den för henne står för
förvandling, förändring
Tatuerad förändring – uppenbara
paradox

Igår när jag satt och skrev
såg jag fåglar flyga förbi utanför
mitt fönster.